SAINTE MARGUERITE

VIERGE ET MARTYRE

SA VIE, SES MIRACLES, SON CULTE

AVEC

Une Notice sur le Pèlerinage de Combovin

SUIVIE

DE PRIÈRES ET LITANIES EN SON HONNEUR

PAR

L'abbé R. BLAIN

CURÉ DE COMBOVIN

GRENOBLE

IMPRIMERIE VINCENT & PERROUX

9, rue de Strasbourg, 9.

1882

O$\frac{2}{5}$

SAINTE MARGUERITE

VIERGE ET MARTYRE

GRENOBLE, IMPRIMERIE VINCENT ET PERROUX.

SAINTE MARGUERITE

VIERGE ET MARTYRE

SA VIE, SES MIRACLES, SON CULTE

AVEC

Une Notice sur le Pèlerinage de Combovin

SUIVIE

DE PRIÈRES ET LITANIES EN SON HONNEUR

PAR

L'abbé R. BLAIN

CURÉ DE COMBOVIN

GRENOBLE

IMPRIMERIE VINCENT & PERROUX

9, rue de Strasbourg, 9.

—

1882

SAINTE MARGUERITE

VIERGE ET MARTYRE

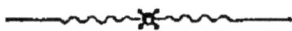

PROLOGUE

—❊—

Le culte des saints est-il légitme?

In memoria æterna erit justus.
La mémoire des saints est impérissable.

Cette question ne paraîtra point oiseuse à ceux de mes lecteurs qui vivent dans des contrées où s'étend le règne de l'hérésie.

Sans doute, comme on va le voir, mes raisons sont tout à fait locales, si je puis parler ainsi; mais elles ont des analogies générales, je veux dire des applications de loin ou de près, dans tous les pays ravagés par le protestantisme.

Un jour, il y a de cela huit ans, la veille de la fête de sainte Marguerite, je gravissais, en compagnie de quelques enfants, la colline qui est dominée par la chapelle de la sainte martyre. Arrivés sur le plateau, où s'élève l'édifice, nous aperçûmes de loin, écrites en gros caractères, sur la porte de la chapelle, ces paroles pleines de blasphèmes, que je demande la permission de citer : *O sainte folle ! plus fous ceux qui t'adorent* [1] ! Evidemment l'hérésie avait passé par là.

Avant tout, il est nécessaire d'établir l'enseignement de l'Eglise catholique sur ce grave sujet. Faute d'avoir eu des notions justes et nettes sur ce point, les théologiens hétérodoxes ont accumulé une foule de raisonnements faux, d'objections absurdes et d'accusations injustes contre la doctrine et la pratique de l'Eglise. Aussi, n'y a-t-il peut-être aucun article du dogme catholique qu'ils n'aient mieux réussi à défigurer.

[1] Le culte que nous rendons aux saints n'est point un culte d'adoration mais seulement un culte d'honneur et de vénération.

L'hérésie protestante n'admet pour seule lumière et pour unique autorité que la Bible; c'est donc dans ces saintes pages que nous irons puiser les témoignages que nous invoquerons, en faveur de la légitimité du culte des saints. Nous ne négligerons pas toutefois d'avoir recours à la Tradition, afin de satisfaire les désirs du pieux lecteur qui voudra bien parcourir ces pages.

Qu'on n'attende pas un développement complet des preuves qui établissent la légitimité du culte des saints. Nous résumerons seulement les principales. D'ailleurs, le but de cette brochure n'en demande pas davantage.

Sans parler du Culte que les saints patriarches de l'ancienne Loi ont rendu aux Anges, envoyés de Dieu, dans plusieurs circonstances [1], nous trouvons dans l'Ancien et le Nouveau Testament des témoignages qui attestent quelle était la religion des Hébreux envers les saints.

Jacob, après avoir prié l'ange du Seigneur de bénir les enfants de Joseph, veut que l'on invoque sur eux et sur leur postérité, son

---

[1] Gen. XXXII. 26. — Jos. V. 13-16, etc.

nom et les noms d'Abraham et d'Isaac [1]. Et dans la suite des siècles, lorsque les prophètes et les justes de l'ancienne Loi demandaient à Dieu ses grâces, ils lui disaient : « Souvenez-vous, Seigneur, d'Abraham, d'Isaac et de Jacob. » Nous arrivons à la même conclusion en lisant les autres témoignages que nous fournissent nos Saints-Livres.

Cependant, un fait semble nous frapper davantage : Judas Machabée vit en songe le grand-prêtre Onias, mort depuis quelque temps, qui priait pour sa nation. Le saint homme lui montrant le prophète Jérémie, lui dit ces paroles remarquables : « Voilà celui qui aime toujours ses frères et le peuple d'Israël, et qui prie beaucoup pour eux et pour la Cité sainte [2]. »

Nous trouvons une nouvelle preuve de la légitimité du Culte des Saints, dans une parabole de l'Evangile, où Notre-Seigneur Jésus-Christ lui-même nous représente le mauvais riche invoquant, après sa mort et sa condamnation, le secours d'Abraham [3].

[1] Gén. XLVIII. 16.
[2] II Mach. XVI, 14.
[3] Luc XVI, 24.

La Tradition, de son côté, vient confirmer et étendre les témoignages que nous fournit l'Ecriture, sur la légitimité du culte que nous rendons aux saints.

Saint Irénée nous représente la bienheureuse Vierge Marie, comme la mère de tous les hommes et la protectrice du genre humain, à qui nous devons recourir dans tous nos besoins et toutes nos afflictions [1]. De même, ajoute Origène, devons-nous invoquer les Anges ; car Dieu leur a confié le soin de veiller sur nous et de nous aider dans l'œuvre de notre salut. « Je tombe à genoux, et n'osant, en pensant à mes péchés, offrir à Dieu mes supplications et mes prières, j'appellerai tous les saints à mon secours. O vous, saints élus du paradis, je vous invoque abîmé dans la douleur, à travers mes larmes et mes gémissements. Prosternez-vous aux pieds du Dieu de miséricorde, et intercédez pour un malheureux pécheur [2]. »

On pourrait citer tous les pères et les docteurs de l'Eglise ; tous, en effet, nous ont

[1] Hom. in Ezech., no 7.
[2] Liv. V. c. 10.

1.

parlé de la légitimité du culte des saints et de son existence dans la primitive Eglise. Julien l'Apostat, qu'on ne soupçonnera pas de partialité dans cette question, pensait que déjà du temps de saint Jean l'Evangéliste les tombeaux de saint Pierre et saint Paul étaient honorés d'un culte religieux. Ce prince, en effet, qui déclamait contre le culte rendu aux martyrs et qui était plus que les protestants, à portée d'en connaître l'origine, disait qu'avant la mort de saint Jean, les tombeaux des apôtres Pierre et Paul étaient déjà honorés en secret, et que ce sont les apôtres qui ont appris à veiller au tombeau des martyrs [1]. Et Porphyre, un des ennemis les plus ardents du Christianisme, ne pouvant nier les miracles qui s'opéraient aux tombeaux des martyrs, les attribuait au prestige du démon. C'était avouer son ignorance ou sa mauvaise foi, tout en attestant en même temps une vérité historique [2].

Les sectes dissidentes, en venant nous affirmer d'un ton hardi que le culte des

---

[1] S. Cyr. *Contra Julian*, lib. X.
[2] S. Jérom. *Cont. Vigilant.*

saints n'a commencé dans l'Eglise que sur la fin du troisième siècle ou même dans le quatrième, sont donc dans une erreur profonde. Ce culte est aussi ancien que le Christianisme. Les siècles postérieurs n'ont fait que suivre l'enseignement des apôtres.

Le culte des saints ne put donc que se développer de jour en jour. Aux martyrs on joignit bientôt les saints confesseurs, les saints pontifes, les saintes vierges, les saintes femmes auxquels on ne manqua pas non plus de rendre les honneurs d'un culte religieux ; et c'est ainsi qu'on explique facilement les différents ordres sous lequels l'église les a rangés dans ses offices.

Sans doute, dans les premiers siècles de l'Eglise, on ne vit pas toujours intervenir un décret véritable de canonisation. Comme les martyrs furent les premiers auxquels les fidèles rendirent un culte solennel, on élevait un autel sur leur tombeau, et l'on y célébrait les saints mystères : en cela consistait toute la cérémonie de la canonisation.

On en voit un exemple dans les actes du martyre de saint Ignace, évêque d'Antioche, et dans la lettre de l'Eglise de Smyrne, au sujet du martyre de saint Polycarpe.

Ce sont donc les peuples qui ont été les premiers auteurs du culte rendu aux saints, et l'Eglise a approuvé leur dévotion et leur confiance.

I

Naissance et premières années de sainte Marguerite.

*Inventa autem una pretiosa Margarita,
abiit et vendidit omnia quæ habuit, et
emit eam.*

Ayant trouvé une perle précieuse, le mar-
chand s'en alla, vendit tout ce qu'il avait, et
l'acheta. (Matth. XIII, 46.)

Selon toutes les probabilités, sainte Marguerite naquit à Antioche de Pisidie, vers
l'an 275 de l'ère chrétienne, sous le pontifi-
cat de saint Eutichien, aux temps de l'empereur Aurélien. Son père, qui était prêtre des
idoles, d'une grande réputation et d'un mérite élevé, s'appelait Edésius.

On ne connaît point le nom de sa mère,
qui mourut peu de temps après la naissance
de Marguerite.

L'enfant, privée de sa mère, fut mise en

nourrice à quelques lieues d'Antioche, chez une pauvre, mais vertueuse chrétienne, qui l'éleva dans les principes de la religion de Jésus-Christ. Aussi, dès que la jeune Marguerite put comprendre la différence qui existe entre le culte du vrai Dieu et celui des idoles, elle s'adonna à l'étude de la religion chrétienne. Ses progrès furent rapides ; et Dieu, qui voulait l'attirer par les éclats de sa grâce lui fit choisir Jésus-Christ pour unique époux. Marguerite fut sensible à cette faveur divine; elle y répondit en consacrant sa virginité à Jésus-Christ.

Le père ne resta pas longtemps sans s'apercevoir que sa fille était chrétienne ; dès lors, il voulut essayer de la faire renoncer à une croyance qui était si en opposition avec la religion qu'il professait et dont il était le ministre.

Qui pourrait raconter tous les stratagèmes qu'il employa pour la détourner de ses bons sentiments et la ramener au culte des idoles !

Lui, prêtre des faux-dieux, il rougissait de voir sa fille unique, sur laquelle il concentrait toutes ses tendresses, suivre la religion d'un homme qui avait été condamné au supplice le plus ignominieux. Aussi, promesses, menaces, séductions, tout fut employé pour la ramener à la religion de ses pères. Marguerite resta inébranlable ; et tous les efforts de son père furent impuissants devant sa constance.

Alors, ce père aveuglé conçut pour sa fille une haine furieuse, au point qu'il ne pouvait plus même supporter sa vue ; il la maltraitait sous les prétextes les plus futiles, la contraignait aux travaux les plus pénibles, les plus bas ; enfin, il la prit tellement en aversion qu'il finit par l'éloigner d'auprès de lui.

Mais Dieu n'abandonna pas sa fidèle servante dans son malheur. Ne se trouve-t-il pas toujours, dit le prophète royal, auprès du cœur broyé par la douleur [1] ? Et lorsque tous nous abandonnent, même nos amis et nos parents, le Seigneur est là, veillant sur nous avec plus de sollicitude qu'une mère sur le fruit de ses entrailles.

Jamais peut-être oracle de l'Esprit-Saint ne s'était accompli d'une manière plus frap-

---

[1] *Juxta est Dominus iis qui tribulato sunt corde.* Psal. XXXIII, 19.

pante que celui-là en faveur de sainte Marguerite. Elle avait espéré en Dieu ; son espérance ne fut point confondue. Elle se rendit auprès de la nourrice qui l'avait recueillie dans son enfance et qui avait pris soin d'elle après le trépas de sa mère.

Cette pieuse femme, qui accomplissait fidèlement les devoirs de la religion chrétienne, ayant appris les mauvais traitements dont Marguerite était victime de la part de son père, et considérant les charmes célestes de la jeune fille, se prit à l'aimer comme sa propre enfant.

Les saints, sans doute, doivent réaliser en eux le type de toutes les vertus et se proposer comme modèles à leurs semblables ; la sainteté c'est la justice, et la justice, a dit Origène, est la réunion de toutes les vertus. Cependant, on a remarqué, avec beaucoup de raison, que chaque saint brille par une vertu qui lui est particulière, de même que chacun de nous est tenté par une passion spéciale [1]. Or, la vertu de prédilection de sainte Marguerite était l'humilité.

[1] Jac. I. 14.

Malgré la noblesse de son origine et les hautes fonctions de ses ancêtres, on ne la vit jamais en tirer orgueil ni s'en prévaloir. Tout en elle était simple : son maintien, ses manières, sa tenue indiquaient qu'elle voulait marcher sur les traces du Dieu de la crèche, qu'elle avait choisi pour époux.

Après avoir été chassée de la maison paternelle, ainsi que nous l'avons raconté, elle se mit sous la protection et l'assistance de sa nourrice, à qui elle obéissait comme une simple servante. On la vit même garder les troupeaux dans les champs avec les petites bergères du pays, auxquelles, dans ces circonstances, elle donnait l'exemple de l'humilité la plus profonde et d'une douceur angélique, retraçant ainsi en elle ces types antiques de Rebecca, la belle, et de la douce Rachel, que nos Saints-Livres nous montrent occupées à la garde des troupeaux, aux jours de leur jeunesse.

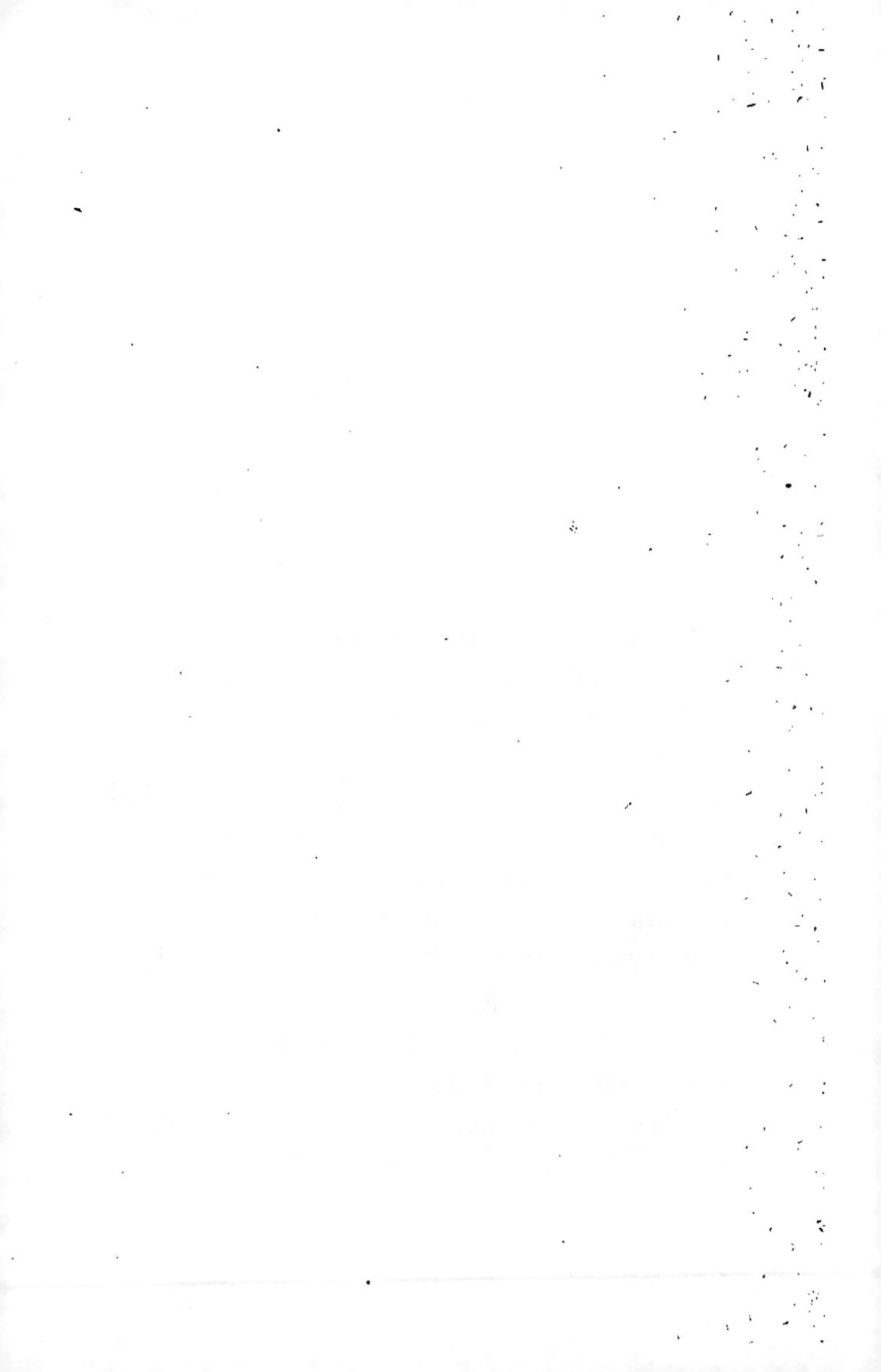

II

Le préfet Olybrius.

Serpens erat callidior animantium.
Le serpent était le plus rusé des animaux.
(GEN. III, 1.)

Sur ces entrefaites, pendant que Marguerite paissait son petit troupeau, en compagnie d'autres jeunes filles de son âge, une circonstance funeste vint jeter le trouble et la terreur dans son âme innocente. Quoiqu'elle ne fut qu'une humble bergère, ignorée de tous, sauf de Dieu, dont la protection bienfaisante s'étend sur le petit pâtre comme sur le potentat qui gouverne les peuples, le Seigneur la jugeait mûre pour le combat. Et cette lutte allait commencer, ardente, terrible pour la jeune fille.

Un certain préfet, appelé Olybrius, homme de mœurs dissolues et imbu de préjugés contre les chrétiens, se rendait d'Asie à Antioche, dans le but de persécuter les sectateurs du Christ. Par un hasard difficile à comprendre, s'il n'était providentiel, le préfet aperçut sur les bords de la route la jeune bergère, à la garde de son troupeau. Sa vue le frappa d'admiration, tout en excitant dans son cœur des pensées et des désirs mauvais. Le voluptueux proconsul donna à ses serviteurs l'ordre suivant : «Voyez-vous cette jeune « fille, occupée à la garde de ses brebis? Pre- « nez diligemment des informations sur elle. « Si elle est de condition libre, j'en ferai « mon épouse; si, au contraire, elle est née « dans l'esclavage, je donnerai pour la ra- « cheter le prix qu'on me demandera, et je « l'attacherai à mon service. »

Les serviteurs d'Olybrius s'empressèrent d'exécuter les ordres qu'ils en avaient reçus, et ne tardèrent pas à lui amener la jeune Marguerite.

Durant le trajet, quel ne devait pas être son trouble! Elle, timide enfant, se voir à la merci de gens impies et libertins qui pouvaient exercer sur elle toutes sortes d'outrages. Comme elle devait songer aux igno-

minies et aux opprobres dont les Juifs abreu-
vèrent le divin Sauveur aux heures san-
glantes de sa passion! Aussi, fut-elle saisie de
crainte et d'épouvante à la pensée de sa faiblesse. Et, ce qui n'augmentait pas peu sa
terreur, c'était de songer à la barbarie atroce
des tourments auxquels étaient condamnés,
de la part des païens; les chrétiens qui refu-
saient de renoncer à la religion du Christ.

Mais la jeune vierge savait que Dieu ne
refuse rien à celui qui prie en reconnaissant
sa faiblesse. N'est-ce pas la recommandation
du divin Maître? « Veillez et priez, » disait-
il à ses apôtres au jardin de Gethsémani « et
« vous serez forts contre la tentation [1]. » Le
grand Apôtre a dit aussi de son côté : « Si
« Dieu est pour nous, qui sera contre nous?
« Qui pourra nous séparer de l'amour de
« Jésus-Christ? La tribulation? l'angoisse?
« la nudité? Sera-ce le péril? la persécution?
« le glaive? Non, rien ne me séparera de l'a-
« mour de Dieu, qui est en Jésus-Christ Notre-
« Seigneur [2]. »

---

[1] I. Matth. XXVI. w. 44.
[2] Rom. VIII. w. 31 et suivants.

Marguerite s'adressa donc à son céleste époux, et le supplia de lui accorder le courage d'affronter et de supporter tous les supplices plutôt que de trahir la foi qu'elle lui avait jurée. « Seigneur Jésus, lui disait-elle
« dans une ardente prière, envoyez-moi votre
« Saint-Ange ; qu'il garde, protège et défende
« mon corps et mon âme contre toute attaque ennemie afin que je puisse vous
« glorifier, vous louer, vous bénir pendant les
« siècles des siècles. »

III

Une vengeance d'Olybrius.

Forti animo esto, filia mea.
Ma fille, ayez bon courage.
(Tob. VII, 20.)

La jeune fille priait ainsi, tout en suivant les serviteurs d'Olybrius. Arrivés à une faible distance de l'endroit où s'était arrêté le préfet, ses serviteurs confièrent la jeune fille à la garde de quelques soldats, pendant qu'ils allaient se présenter à leur maître, et lui rendre compte du succès de leur mission.

En l'abordant, ils lui dirent que cette jeune fille méprisait les dieux, protecteurs de l'Empire; préférant adorer un certain Jésus que les Juifs avaient crucifié, en Judée, sous le règne de Tibère, par ordre d'un proconsul, nommé Ponce-Pilate, et que ni leurs menaces, ni leurs promesses n'avaient pu l'ébranler.

Olybrius, entendant ce récit qui lui promettait une poignante déception, ordonna que Marguerite lui fut présentée sans retard. Lorsqu'elle fut en sa présence, le rusé préfet commença par la rassurer, lui promettant qu'elle n'aurait rien à craindre de lui, bien plus, qu'elle n'aurait qu'à se louer d'avoir su gagner ses bonnes grâces ; mais il voulait savoir quelle était son origine, si elle était libre ou bien esclave.

La jeune fille, sans s'intimider, répondit modestement mais hardiment: « Ma famille « est très connue en cette ville, dit-elle, et je « ne suis pas d'une naissance si obscure que « je doive cacher mon origine ; mais, puisque « vous parlez de liberté, sachez que je ne « suis sous la domination de personne ; tou- « tefois, ajouta-t-elle, en s'animant d'une « flamme céleste, je confesse de bouche et « de cœur que je suis esclave d'un maître, « et ce maître est Jésus-Christ, mon Ré- « dempteur. Depuis l'âge le plus tendre, j'ai « appris à l'honorer, à le révérer, lui seul « sera mon maître à jamais. » Comme le préfet lui demandait son nom, la jeune fille répondit: « Dans le monde on me nomme « *Marguerite*, mais au saint baptême, j'ai « reçu un nom bien plus illustre et plus glo- « rieux : *Je suis Chrétienne.* »

Ces paroles prononcées avec assurance et fermeté, remplirent de fureur le subtil préfet. Il ordonna qu'on enfermât la jeune chrétienne dans une sombre prison, qu'on la privât de tout secours, même des moyens de manger et de boire. Il espérait sans doute qu'en la privant de toute assistance humaine, il la contraindrait à consentir à ses volontés. C'était cruel, mais c'était rusé. Le préfet en fut pour sa ruse, Marguerite, pendant la nuit qu'elle passa en prison, fut consolée par les clartés d'une lumière divine, au milieu de laquelle lui apparurent des esprits célestes, qui la fortifièrent dans ses résolutions et la ranimèrent contre les fourberies du tyran. C'est pourquoi, elle sortit de son cachot plus intrépide que jamais, confessant à haute voix le nom sacré de Jésus-Christ, et méprisant les supplices qu'elle avait endurés, et ceux dont on la menaçait pour l'avenir.

Olybrius voyant que ni les promesses ni

les menaces ne pouvaient ébranler la foi de Marguerite, continua sa route vers la ville d'Antioche.

A peine y était-il arrivé qu'il fit convoquer tous les citoyens recommandables par la fortune, la science et la sagesse, afin de trouver dans leurs conseils éclairés les moyens non de perdre la fille d'Edésius, mais de vaincre son opiniâtreté, par des discours artificieux ou par la terreur. L'assemblée délibéra long-temps et restait indécise sur le jugement qu'elle devait porter, car Edésius était honoré à Antioche, soit par sa position de prêtre des idoles, soit par la noblesse de sa famille. Le préfet voyant que l'affaire se prolongeait au delà de ses desseins, et craignant que sa proie ne vînt à lui échapper, prit la résolution d'user d'un stratagème que Satan seul pouvait lui suggérer; il résolut de produire la jeune fille devant l'Assemblée du peuple et de l'interroger publiquement. Il espérait que la honte de se voir ainsi exposée aux regards de la multitude la ferait fléchir, et que ce qu'il n'avait pas pu obtenir par les mauvais traitements, il l'obtiendrait par l'intimidation.

Ces sortes de jugements populaires n'étaient pas rares dans les pays soumis aux lois romaines. L'Evangile ne nous montre-t-il pas la multitude condamnant Notre-Seigneur Jésus-Christ à être crucifié, lui, le Dieu de toute sainteté, tandis qu'elle faisait grâce à Barrabas, l'homicide[1] ?

Quelque chose de semblable va se passer au sujet de sainte Marguerite. D'ailleurs, le jugement qu'Olybrius désire ressemble fort à ceux qu'on obtient de nos jours par l'artifice du suffrage universel, où, à tout instant on chasse des positions les hommes de mérite, pour y faire monter les indignes.

[1] Matth. XXVII. w. 21.

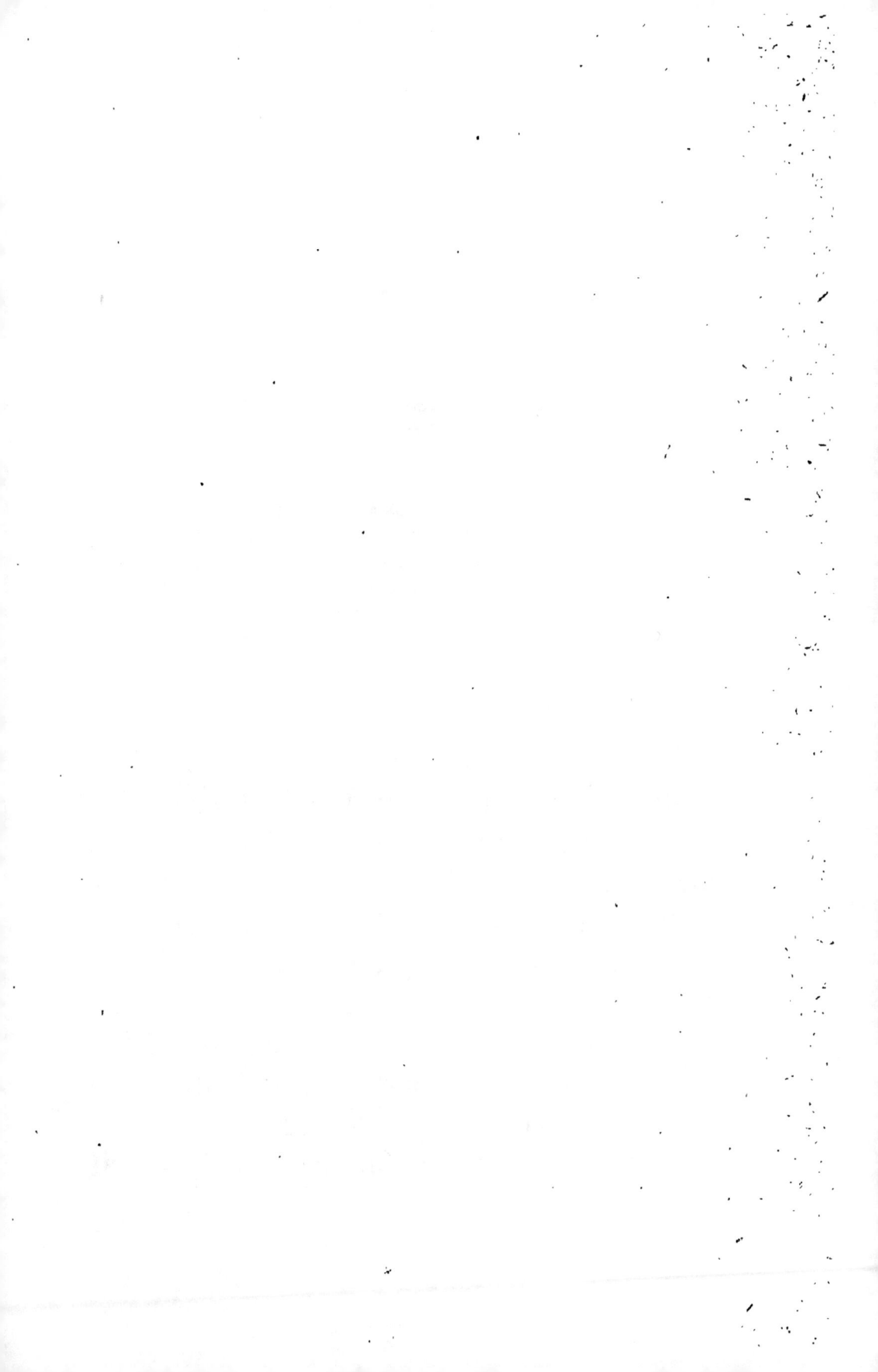

IV

Marguerite devant le tribunal d'Olybrius.

*Divitias æstimans improperium Christi,
aspiciebat in remunerationem.*
Elle jugea que l'opprobre du Christ était
préférable à tous les trésors, car elle consi-
dérait la récompense.

(AD HEBR. XI, 26.)

Deux jours après son entrée dans la ville,
Olybrius ordonna qu'un tribunal splendide
lui fût dressé sur la place publique ; et en
même temps il convoqua la population en-
tière au spectacle qu'il voulait lui donner,
dans l'interrogatoire public qu'il allait faire
subir à la jeune chrétienne.

Au jour indiqué, une foule immense, cu-
rieuse d'assister à un spectacle d'un genre
si nouveau, accourut de toutes parts. Le préfet, paré des insignes de sa dignité, s'assit

2.

sur son tribunal, et donna l'ordre d'amener en présence de la multitude la jeune martyre de Jésus-Christ.

Dès que Marguerite fut devant Olybrius, celui-ci prenant un air captieux, lui adressa d'abord des paroles bienveillantes ; il l'invita à renoncer à ses prétendues erreurs, lui insinuant qu'elles pourraient bien attirer sur sa tête des châtiments sévères, des tourments et la mort même, si elle ne les abandonnait point ; tandis que la clémence des lois, la protection de l'empereur et ses bonnes grâces personnelles l'attendaient, si elle revenait à de meilleurs sentiments, en abandonnant cette secte exécrée des chrétiens.

La tentation était perfide ; Marguerite ne se laissa point séduire ; elle répondit au préfet avec une sagesse et une fermeté au-dessus de son âge : « La vie et la joie vérita-« bles, je les ai trouvées depuis longtemps, « et je les conserve enfermées dans la « citadelle de mon cœur, dit-elle. Par ces « paroles je veux vous dire que j'adore et « glorifie mon Seigneur-Jésus-Christ ; en « lui j'ai placé ma confiance, et, jusqu'à la

« mort, je ne cesserai de l'honorer de toute
« mon âme. Toutefois, ne prenez pas tant
« de peine à mon sujet, cessez de vous
« fatiguer par de vaines menaces ou des
« promesses trompeuses, c'est un parti
« arrêté : les tourments les plus cruels,
« toutes les tortures que vous m'infligerez
« ne pourront ravir de mon cœur un si précieux trésor. »

Olybrius étonné d'entendre un si noble
langage chez une timide enfant, lui dit d'un
ton amer : « Tu mets dans tes réponses un or-
« gueil et une opiniâtreté étranges; plus je
« te témoigne de clémence et plus tu te
« montres superbe. Aussi, ne suis-je pas loin
« de croire que tu ne parles pas ainsi de toi-
« même, mais que toutes ces paroles t'ont
« été inspirées par un autre. Quelqu'un
« sans doute t'a séduite, en jetant dans ta
« tête ces illusions qui t'aveuglent. De là
« vient que tu t'obstines à ne pas réfléchir
« et à ne point rentrer en toi-même; c'est à
« cause de cela encore que tu nous fais des
« réponses si peu sensées. Ton âge suffirait
« à me donner raison ; ce n'est pas, en effet,
« dans un âge aussi tendre que l'on peut

« faire de telles réponses. Eh bien! je veux
« savoir comment s'appelle la personne qui
« t'a si bien instruite et donné de tels con-
« seils. »

La bienheureuse Marguerite répartit :
« Personne ne m'a trompée ni séduite, et ce
« n'est point la folie qui me porte à vous
« parler ainsi que je le fais. Si vous vouliez
« d'abord me promettre de m'écouter, puis
« de croire en Jésus-Christ, je n'aurais pas
« de peine à vous faire comprendre toutes
« choses ; mais, sans la foi au Christ il est
« impossible de pénétrer le sens de mes pa-
« roles [1]. »

Le Préfet, poussé par la curiosité, ou
plutôt par son vif désir de confondre la
jeune fille, en se servant de ses propres paroles, consentit à l'entendre, afin de savoir,
disait-il, ce qu'elle avait à lui raconter.

Marguerite reprit donc la parole et parla
ainsi : « Ne soyez pas surpris, ô juge, de ce
« que ma faible voix va faire entendre à vos
« oreilles ; ce ne sont point des discours hu-
« mains que j'ai à vous faire entendre ;

[1] Ad. Hebr. XI, 6.

« écoutez, et que votre sagesse en fasse son
« profit : Celui qui sert le Seigneur Jésus
« n'a pas besoin d'un maître mortel pour
« apprendre ce qu'il doit répondre aux
« puissances du monde quand arrive l'heure
« des grandes tribulations. Lorsque vous
« serez livrés aux puissances du siècle, a-t-
« il dit à ses serviteurs, quand vous paraî-
« trez devant les rois et les maîtres de la
« terre, ne songez point à ce que vous au-
« rez à dire ni de quelle manière vous de-
« vez répondre aux interrogations qui vous
« seront adressées, le Saint-Esprit parlera
« dignement pour vous [1]. Par ces paroles de
« nos Saints-Livres, vous comprenez facile-
« ment, seigneur, que ma science ne vient
« pas d'une source purement humaine,
« mais, qu'elle descend d'en haut. du père
« des lumières, qui est assez puissant pour
« donner la force à la faiblesse, assez savant
« pour délier la langue des enfants, assez
« généreux pour donner la persévérance à
« ceux de ses serviteurs qui combattent pour
« son nom. La foi, en effet, m'a fait connaître

[1] Matth. X. 18.

« le Maître que je dois servir, la foi me
« donnera le courage, j'en ai l'espérance,
« de triompher de tous les stratagèmes que
« vous mettez en jeu pour m'intimider et me
« faire défaillir. »

V

Menaces d'Olybrius.

Infirma mundi elegit Deus, ut confundat fortia.

Ce qui est faible selon le monde, Dieu l'a choisi pour confondre les forts.

(I Cor. I, 27.)

Ainsi parla la vierge chrétienne. Le préfet irrité et déçu lui répondit avec colère : « Tous ceux qui t'écoutent espéraient en- « tendre des discours sensés et des paroles « de sagesse, mais il n'en est rien ; tout « ce que tu viens de dire n'est que trom- « perie et mensonge.

« Nous savions déjà que la doctrine du « Christ exerce sur ses adeptes une telle in- « fluence qu'il est impossible d'ébranler ceux « qui en ont été une fois imbus. Je me ré- « jouis de connaître par expérience ce que « j'avais déjà ouï dire.

« Que le Christ soit ton maître, si cela te
« plaît ; quant à moi, je me passerai de ses
« leçons et des tiennes. Je répudie et rejette
« loin de moi une doctrine qui enseigne à
« ses sectateurs le mépris envers la puis-
« sance des divins empereurs, les prive des
« jouissances les plus séduisantes de la vie,
« pour les jeter dans les tourments d'une
« tribulation perpétuelle. Tu ignores sans
« doute, jeune fille, quel est le courroux
« des empereurs contre la secte des chré-
« tiens, voilà pourquoi tu persistes dans tes
« erreurs, et tu prends pour juste et saint
« ce qui n'est que supercherie et mensonge.
« Si tu voulais écouter les conseils que je te
« donne, tu comprendrais facilement quel est
« le moyen d'éviter la mort et de trouver la
« vie. Mais non, tu préfères t'obstiner dans
« ton entêtement ; toutefois, ne te laisses
« pas tromper par un vain espoir. Sache,
« au contraire, que l'empereur m'a établi
« juge en cette cité, afin que tous les sec-
« tateurs du Christ, qui ne se prosterneront
« pas devant les dieux de la patrie en se
« soumettant aux édits impériaux, soient
« livrés aux derniers supplices, et enfin, à

« la mort la plus cruelle. Tu es encore libre,
« et mon indulgence veut bien condescendre
« à ta jeunesse, à ta faiblesse et à la noblesse
« de ton origine ; hâte-toi, bientôt il ne sera
« plus temps, ton entêtement va lasser ma
« patience ; aucun bras ne pourra te sous-
« traire à ma puissance et à ma résolution.
« Prépare-toi à venir au jour indiqué adorer
« la majesté des dieux immortels, sinon tu
« expireras au milieu d'indicibles tour-
« ments. »

La bienheureuse Marguerite répondit :
« A quoi bon ces menaces, juge impie et
« cruel ? Pourquoi essayer de m'effrayer par
« l'appréhension des supplices ? Vous bri-
« serez tous vos efforts, tout en perdant
« votre temps, contre la religion du Christ,
« et vous ne réussirez jamais à arracher le
« trésor qui repose en mon cœur. Si mon
« Seigneur Jésus-Christ n'était qu'un homme
« semblable aux autres, peut-être aurais-je
« raison de craindre les effets de votre
« courroux, et devrais-je songer à me mettre
« à l'abri de vos menaces, en me proster-
« nant devant vos idoles de bois ou de
« pierre ; mais, le Dieu que j'adore habite

3

« dans les cieux, d'où il étend son regard
« sur l'orgueilleux assis sur un trône,
« comme sur l'humble bergère qui veille à
« la garde de son troupeau. Le ciel est le
« trône de sa gloire et la terre est l'escabeau
« de ses pieds [1] ; sa puissance est si grande
« qu'à l'instant même il pourrait coucher
« dans la poussière vous et tous ceux qui
« vous applaudissent. Ne serait-ce pas une
« lâcheté incomparable que d'abandonner
« un Seigneur si puissant pour aller courber
« la tête devant de vains simulacres et leur
« jeter un peu d'encens? Ainsi donc, ô
« juge, je ne veux vous laisser dans aucune
« incertitude à mon sujet ; écoutez et rete-
« nez ce que je vais vous dire : Je ne puis
« obéir aux édits des empereurs, qui pros-
« crivent la religion du Christ ; je ne redoute
« point vos menaces ; tuez-moi, si telle est
« votre volonté, la force est à vous, déchi-
« rez-moi avec des ongles de fer, étendez-
« moi vivante sur un brasier ardent, jetez-
« moi en pâture aux bêtes féroces, faites ce
« qu'il vous plaira, vous pourrez me mettre

[1] Psaum. CX, 2.

« à mort, mais vous ne parviendrez pas à
« me séparer de l'amour de mon Seigneur
« Jésus-Christ [1]. »

[1] Rom. VIII, 39.

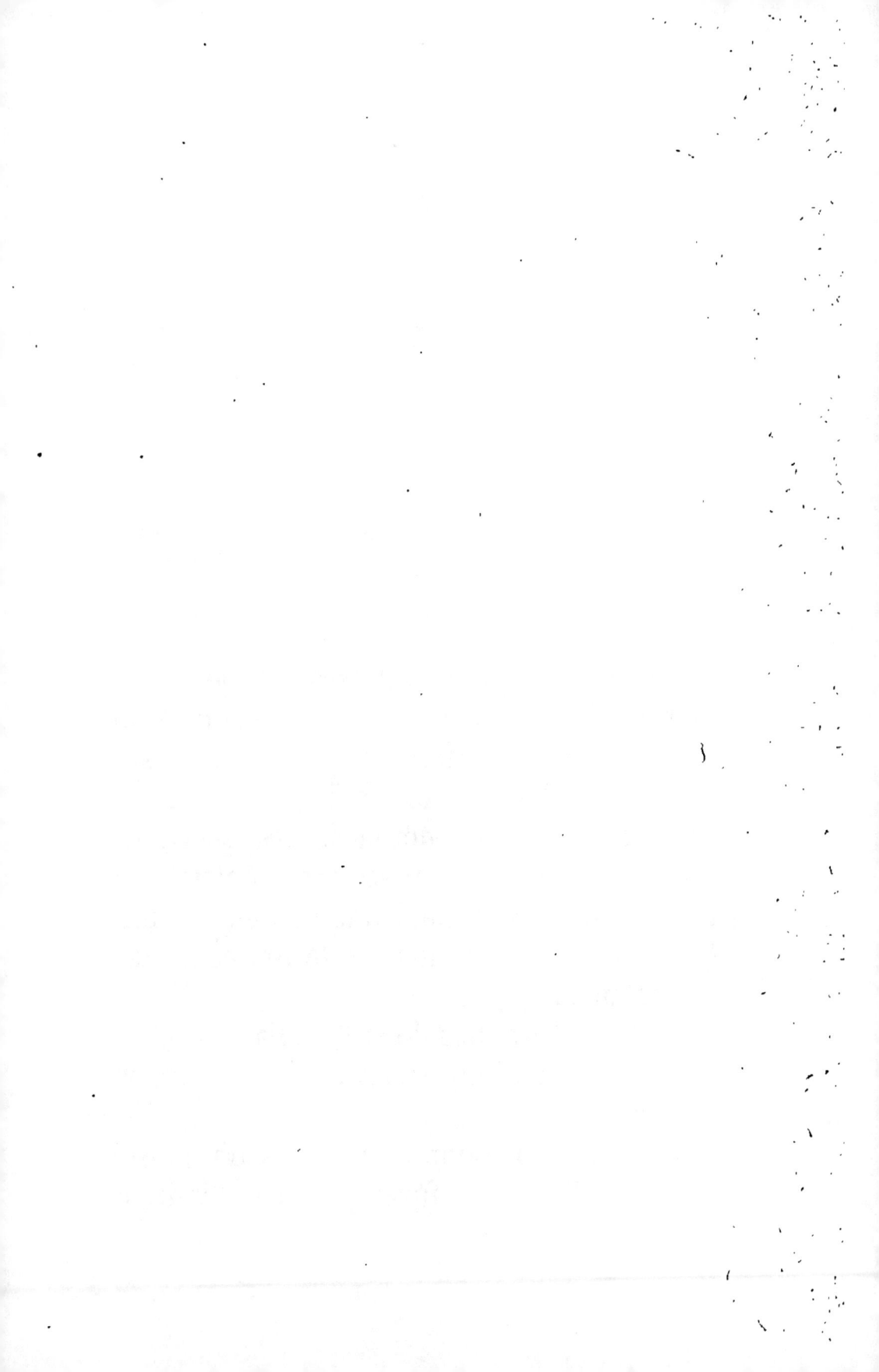

VI

Les premiers supplices.

Patior, sed non confundor.
Je souffre, mais je n'ai pas peur,
(II Tim. I, 65.)

Le préfet, entendant ses paroles, s'enflamma de colère ; c'est pourquoi il ordonna de dépouiller la sainte martyre, de la suspendre par les épaules, puis de la frapper de verges à coups redoublés. Les serviteurs d'Olybrius exécutèrent ses ordres cruels sur le corps de la victime d'une manière si barbare, que le sang jaillissait de toutes parts et ruisselait jusqu'à terre.

C'était le supplice de la flagellation, châtiment en usage fréquent dans les mœurs romaines.

Plusieurs personnes, témoins d'une exécution si horrible, furent saisies d'indignation et témoignèrent hautement leurs sympathies en faveur de Marguerite, par des larmes et des gémissements. Pour consoler la jeune martyre, elles lui disaient : « Aimable jeune fille, les tourments que tu « endures et les supplices dont tu es accablée nous affligent profondément, et nous « voudrions tout entreprendre pour t'en délivrer, mais tous nos efforts seraient inutiles. Ecoute cependant notre conseil :

« Ce tyran, comme tu le vois, se laisse « emporter par son ressentiment et sa fureur contre toi, et son désir est de te faire « mourir afin de se débarrasser de ta présence, qui accuse sa cruauté. Mais toi, ô « jeune fille, qui parais douée de tant de « sagesse, épargne ta vie, aie pitié de toi-« même, obéis au moins en apparence aux « ordres du juge, et, peut-être, touché de « compassion pour ta jeunesse, il ne te « livrera pas à la mort. »

La sainte martyre, émue de ces sympathies, répondit : « Je vous remercie, ô hommes « illustres, de votre charité, et vous, nobles « femmes, qui voulez bien vous intéresser à « mes angoisses; mais, je vous en prie,

« n'allez point par vos larmes affaiblir
« mon courage. L'apôtre saint Paul nous
« dit : Les entretiens mauvais corrompent
« les bonnes mœurs [1]. Je vous suis recon-
« naissante, toutefois, de votre compassion
« envers moi, vous agissez en cela par esprit
« d'humanité ; mais vous ne savez ce que
« vous faites ; vous marchez dans les
« ténèbres, et la lumière n'est point en vous.
« Si vous connaissiez la lumière de la vérité,
« loin de me détourner du droit sentier qui
« conduit à la vie éternelle, vous vous li-
« vreriez vous-mêmes aux derniers supplices
« pour le nom de Jésus-Christ. »

Le préfet voyant la jeune vierge se réjouir
et s'entretenir tranquillement avec les assistants, devint plus furieux que jamais. Il
ordonna de la suspendre au chevalet et de
lui déchirer les flancs avec des ongles de
fer.

Les bourreaux étaient prêts. Les procon-
suls et les préfets romains ne marchaient jamais sans être protégés par des satellites et
des licteurs.

---

[1] I Cor. XV, 33.

Les bourreaux, sur un ordre d'Olybrius,
se mettent à l'œuvre. Ils lacèrent avec tant
de rage le corps de la jeune martyre, que le
sang s'échappe de toutes parts ; ses chairs
volent en lambeaux, tellement qu'on pourrait compter tous ses os. Les assistants ne
pouvaient soutenir un spectacle si poignant;
tous, jusqu'au cruel préfet, se détournaient,
tant une barbarie si sauvage leur faisait
horreur.

Cependant, Marguerite semblait rire de ses
tourments ; fortifiée par la grâce divine, elle
ne comptait pour rien les supplices qu'elle
endurait. Aussi, plusieurs des spectateurs,
remplis d'admiration à la vue d'un courage
si héroïque, se disaient les uns aux autres :
« Qu'elle est donc la force surhumaine qui
« soutient cette fragile et tendre enfant au
« sein de tourments qui feraient reculer les
« hommes les plus intrépides ? »

Mais les gardes d'Olybrius, loin de se
laisser fléchir à la vue de ses tortures, se
servirent de la constance de la jeune fille
pour inventer de nouveaux supplices qui
devaient aboutir à la mort.

Voyant que la vierge chrétienne se moquait des fouets de la flagellation et des ongles de fer, ses bourreaux imaginèrent un genre de tourment qui devait la contraindre à se soumettre aux ordres du préfet ou lui procurer le plus affreux des trépas. Ils résolurent de la faire monter, le jour suivant, sur un bûcher embrasé.

Cette résolution prise, et ce projet arrêté, Olybrius, honteux de sa défaite, ordonna de reconduire Marguerite dans sa sombre prison.

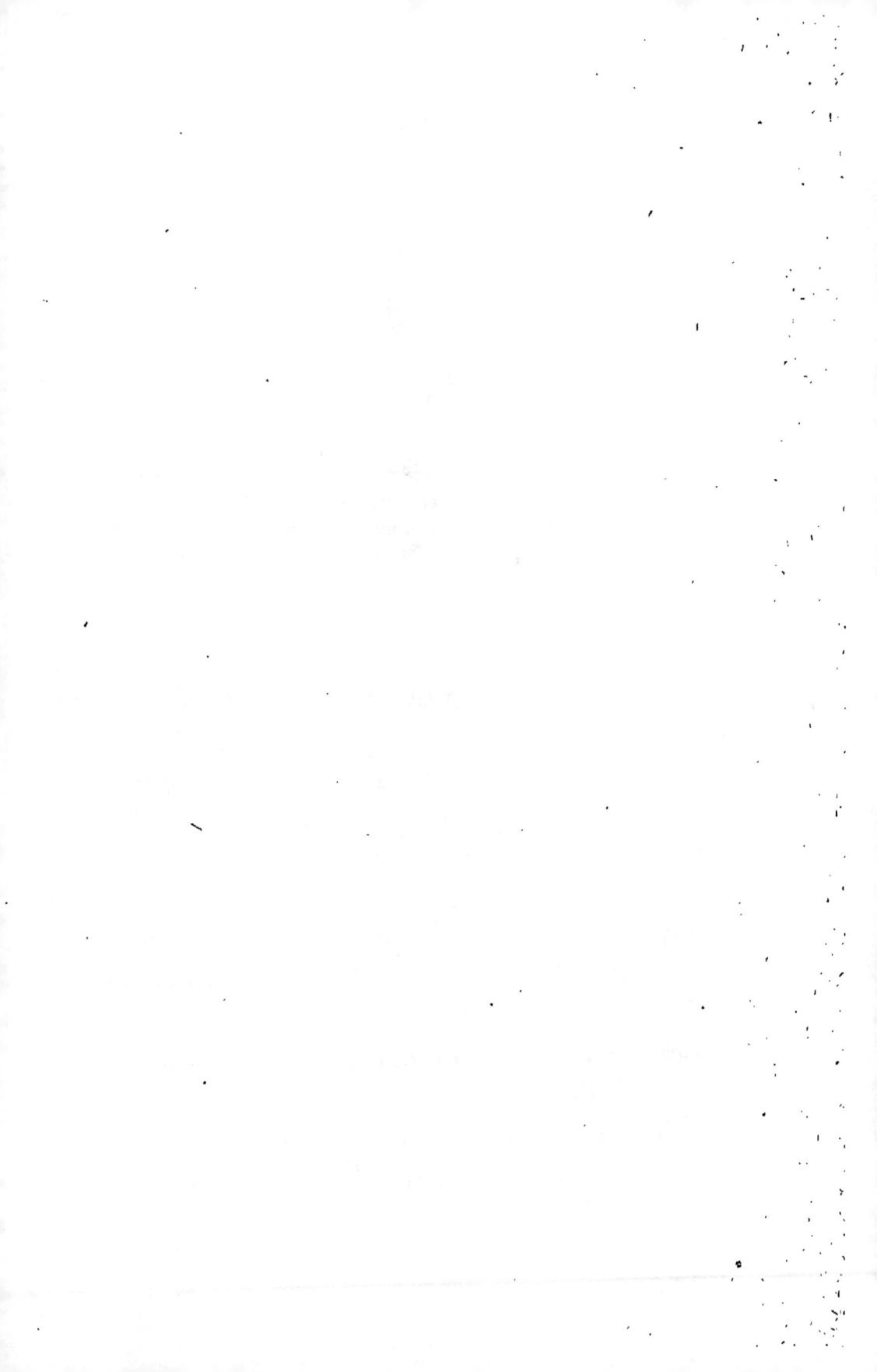

VII

Dans la prison.

Super aspidem et basiliscum ambulabis,
et conculcabis leonem et draconem.
Vous marcherez sur l'aspic et le basilic.
vous foulerez aux pieds le lion et le dragon,
(Ps. XC, 13.)

Dès que la sainte martyre eût été laissée seule dans son noir cachot, elle souleva péniblement ses bras sanglants, et, élevant ses mains et son cœur vers le Seigneur, elle le remercia de ui avoir donné la force de triompher de ses ennemis; puis elle le supplia, dans une prière fervente, de lui accorder la grâce de la persévérance dans les combats qu'elle allait encore soutenir, pour sa gloire, et contre les tentations de l'esprit de ténèbres.

Pendant qu'elle implorait ainsi le secours de Dieu, le démon, irrité de se voir vaincu

par une enfànt de quinze ans [1], résolut de se
venger contre elle en essayant de l'effrayer
par divers prestiges fantastiques et des appa-
ritions terrifiantes. L'esprit des ténèbres se
montra à la sainte martyre sous la forme
d'un dragon hideux, dont la gueule et les
narines lançaient des flammes fétides. A la
vue du monstre, qui semblait s'élancer sur
elle pour la dévorer, Marguerite reconnut
promptement l'ennemi du genre humain, et,
selon sa coutume, elle eut recours aux
armes de la prière. Alors, se dressant devant
l'affreuse apparition, elle traça le signe de
la croix contre elle, en même temps qu'elle
implorait le secours d'en haut : « Seigneur
« Jésus-Christ, dit-elle, défenseur de ceux
« qui combattent pour votre gloire, vous
« qui avez humilié, par la vertu de votre
« sainte croix, l'orgueil du démon et en-
« chaîné sa puissance, levez-vous, et venez
« à mon secours ; sans vous, je vais périr.
« Soutenez ma faiblesse, et dites à mon
« âme : Je suis ton secours [2]. Car c'est vous

---

[1] Il est assez probable que sainte Marguerite n'avait pas
plus de quinze ans lorsqu'elle souffrit le martyre.
[2] Psàl. XXXIV, 3.

« qui avez dit par la bouche de votre pro-
« phète : Tu marcheras sur l'aspic et le ba-
« silic, et tu fouleras aux pieds le lion et le
« dragon [1]. » Dès que Marguerite eut achevé
sa prière, elle se redressa avec courage
contre le monstre, et mettant son pied sur
son corps tortueux, elle le foula contre
terre avec des paroles de mépris. Satan
vaincu se retira. Tous ses efforts s'étaient
brisés devant l'humilité de la sainte martyre.

Aussi, malgré les plaies béantes qui cou-
vraient son corps et lui causaient des souffrances indicibles, elle sentit une douce joie
descendre dans son âme. Dieu est venu à
son secours ; désormais, sa confiance en lui
sera sans bornes, et les tourments les plus
affreux ne la feront point trembler.

Cependant son épreuve n'était point finie,
l'ennemi du nom chrétien essaya encore une
fois d'effrayer Marguerite. En effet, Satan se
montra à elle sous la forme d'un homme
horrible, dans le but de l'épouvanter. La
jeune vierge lui ordonna au nom de Jésus de

---

[1] Pr. XC, 13.

Nazareth de s'éloigner; le démon s'enfuit
aussitôt, en avouant sa défaite.

Dieu, cependant, sait mélanger les joies
avec les larmes, les moments de tristesse
avec les heures de consolation, et, s'il
éprouve ses serviteurs par des tribulations
et des amertumes, il sait aussi leur ménager
des moments d'allégresse et des heures de
contentement [1]. C'est ce qui arriva pour
sainte Marguerite.

Aux attaques de l'esprit malin succéda
une visite céleste qui combla d'une sainte
joie la vierge de Jésus-Christ. Une lumière
surnaturelle, plus brillante que le soleil,
éclaira tout à coup sa prison. Bientôt après,
dans les rayons de cette lumière, apparut
la croix du salut, au sommet de laquelle vint
se reposer une colombe plus blanche que la
neige. Du sein de la clarté une voix se fit
entendre; elle félicitait la jeune martyre de
sa constance dans les tourments, et l'exhor-
tait à persévérer jusqu'à la fin, si elle voulait
recevoir la récompense.

---

[1] *Miscens gaudia fletibus.* (Hymne de la fête de saint
Joseph.)

Cette apparition céleste fortifia de plus en plus la bienheureuse Marguerite, et son âme en reçut un tel accroissement de courage et de vigueur, qu'elle se sentait prête à affronter tous les supplices, plutôt que de brûler un grain d'encens devant les autels de Satan.

VIII

Nouveaux supplices.

> *Quoniam per multas tribulationes oportet nos intrare in regnum Dei.*
> Ce n'est qu'au prix de beaucoup de tribulations qu'on peut entrer dans le royaume de Dieu. (ACT. AP. XIV, 21.)

Le matin étant venu, Olybrius, aussi implacable contre la jeune martyre que le jour avant, ordonna de la sortir de l'infecte prison où elle était enfermée et de la faire comparaître devant son tribunal, en présence de tout le peuple assemblé.

Marguerite parut devant lui, le visage souriant, comme si elle assistait à une fête. La vision céleste avait multiplié ses forces, elle était prête à braver tous les supplices. Olybrius, au contraire, avait espéré que les tourments de la veille auraient brisé la ré-

sistance de la martyre et vaincu son opiniâtreté ; il n'en était rien ; bien plus, Marguerite était plus intrépide que jamais. Le préfet
de plus en plus humilié par cette attitude
fière et décidée, renouvela son système de
menaces, afin d'ébranler la constance de
l'enfant. Après bien des stratagèmes, des paroles et des violences, après bien des impré-
cations et des blasphèmes contre le Christ et
ses sectateurs, il finit par lui dire que si
elle ne consentait pas à brûler de l'encens
devant les dieux de l'Empire, elle subirait le
supplice du feu.

La sainte martyre répondit au préfet :
« Ne prenez pas tant de peine à mon sujet,
« ô juge, vous me menacez de me brûler
« vivante, mettez-vous à l'œuvre, et faites
« vite ; je ne redoute ni vos menaces ni vos
« supplices. Il est facile à celui qui songe
« aux récompenses que Dieu accorde au
« vainqueur, de mépriser les tourments les
« plus cruels. Quelle valeur ont les souf-
« frances de cette vie, si je les compare aux
« récompenses que notre Dieu prépare à
« ceux de ses serviteurs qui seront fidèles
« jusqu'à la fin ! C'est pourquoi ni le feu,

« ni le glaive, ni la peur de la mort ne
« pourront jamais me séparer de l'amour
« de mon Seigneur Jésus-Christ. Ainsi, sa-
« chez-le bien : je vous méprise, vous et vos
« dieux, qui ne sont que des démons. Hâ-
« tez-vous d'exercer votre fureur contre
« moi, si c'est votre bon plaisir ; mais, je
« vous le répète, vous ne pourrez jamais me
« séparer de Jésus-Christ, mon Sauveur. »

La jeune vierge avait à peine achevé de
parler que le préfet, plus obstiné que jamais
contre elle, commanda à ses serviteurs de la
dépouiller de ses principaux vêtements, de la
suspendre par des chaînes à une sorte de
potence, puis de lui brûler les membres
les uns après les autres au moyen de
torches ardentes. Or, pendant ce supplice
atroce, le préfet, par un raffinement de
cruauté inouïe, lui adressait des paroles
pleines d'une dérision amère : « Réjouis-toi,
« Marguerite, lui disait-il, tressaille d'allé-
« gresse en ton Christ. Tu ne veux le renier
« en aucune manière, dis-tu, eh bien ! sois
« heureuse ! c'est à cause de lui que tu
« goûtes des délices que tu ne connaissais
« pas encore. Qu'il vienne donc en ce mo-

« ment, ce maître tant aimé, qu'il vienne te
« délivrer, s'il le peut, et arracher tes
« membres à demi consumés aux flammes
« qui les dévorent.

« Si tu veux te soumettre aux édits des
« invincibles empereurs et prendre pitié de
« ta jeunesse, il en est temps encore, on ne
« négligera rien pour te guérir de tes bles-
« sures, et les délices dont tu jouiras dans
« la suite te feront promptement oublier
« toutes les souffrances que tu as endu-
« rées. »

La vierge martyre lui répondit : « Vous
« voulez vous amuser d'un tourment pas-
« sager et vous ne songez pas à ce feu
« inextinguible qui torturera éternellement
« les damnés dans l'Enfer. Je ne crains pas
« ces douleurs fugitives, puisqu'elles vont
« me procurer une gloire sans fin et des
« jouissances éternelles. Je ne redoute en
« rien les nouvelles souffrances auxquelles
« vous me condamnez, je les désirais depuis
« longtemps. Le feu que vous me préparez
« agira sur mes membres d'une manière
« passagère ; mais vous, ô proconsul, qui
« vous obstinez dans l'idolâtrie, vous subi-

« rez les tourments d'un feu qui ne s'étein-
« dra jamais. Le Dieu que j'adore délivra
« autrefois trois enfants d'une fournaise ar-
« dente et changea les flammes qui devaient
« les consumer en une rosée rafraîchissante.
« Il m'accorde en ce moment, à moi, pauvre
« pécheresse, des douceurs indicibles, au
« sein de ces flammes qui m'enveloppent.
« Le Tout-Puissant me tient dans sa main,
« et avec sa grâce, bientôt, comme les trois
« jeunes Hébreux dans la fournaise, je chan-
« terai le cantique de la délivrance. »

Après avoir parlé ainsi, Marguerite éleva
les yeux au ciel, et fit à Dieu cette prière :
« Seigneur, créateur de l'univers, vous à
« qui tous les éléments sont soumis et obéis-
« sent, entendez mes cris, exaucez mes sup-
« plications ; que par votre secours tout-
« puissant, je triomphe de ces flammes dé-
« vorantes. »

O prodige de la puissance du Dieu des
chrétiens ! Les torches enflammées qui devaient la consumer se changèrent en une
douce rosée et ne laissèrent aucune trace de
brûlure sur ses membres déjà si endoloris.
Aussi, disait-elle au préfet, avec autant

d'ironie que de courage : « Eh bien ! main-
« tenant, comprenez-vous enfin la puissance
« du Dieu que je sers ? Il commande au
« ciel et à la terre, et les éléments lui obéis-
« sent. Il a parlé et ce feu a oublié sa vio-
« lence : mes membres n'ont point été
« brûlés. »

Les bourreaux, fatigués de leur horrible
travail et honteux de se voir vaincus par
une frêle jeune fille, la laissèrent suspendue
afin d'achever les atrocités du supplice.

Cependant, la victime n'était point vaincue,
aussi les bourreaux, désespérant de dompter
cette ennemie des dieux et des édits impériaux, se hâtèrent-ils de demander que le
préfet ordonnât de nouveaux supplices pour
châtier la sectaire du Christ. Tous leurs
efforts ne pouvaient triompher de son intré-
pidité.

IX

Encore des épreuves.

Dum me mengis aquis, Præses, mea vota secundas ;
Martyrii extinguet, quâ premor, unda sitim ?

En me plongeant dans l'eau bouillante, ô préfet cruel, vous comblez mes vœux ; mais cette eau n'éteindra pas la soif du martyre qui me dévore.

Olybrius essaya peut-être d'attribuer à la magie les prodiges que la vierge martyre opérait sous ses yeux. Toutefois, quoique honteux de sa défaite, il ne se teint pas pour battu, et voulut, afin de contenter ses appétits cruels et pour satisfaire aux exigences de la populace, imaginer un autre genre de supplice. Il ordonna donc de préparer une chaudière d'eau bouillante et d'y plonger la jeune martyre, pieds et mains liés. Dès que Marguerite eut été précipitée dans la chau-

dière ardente, selon sa coutume, elle eut
recours à la prière :

« Brisez ces liens, Seigneur, et je vous
« offrirai un sacrifice de louanges, disait-
« elle, et ceux qui en seront témoins croi-
« ront que vous êtes le seul vrai Dieu, le
« Dieu de gloire et d'amour, que le monde
« ne connaît pas [1]. »

A peine avait-elle achevé sa prière que ses
liens se rompirent d'eux-mêmes, et la sainte
sortit de la chaudière sans porter sur ses
membres aucune trace de brûlure. De même
que par sa foi et la grâce du Seigneur elle
avait triomphé des ardeurs du brasier dévo-
rant, ainsi elle surmontait les atteintes de
l'eau bouillante.

Les spectateurs, à la vue de tant de merveilles opérées par une jeune enfant, se
sentent touchés d'attendrissement, d'admiration et de respect et s'écrient tous en-
semble :

« Oui, il est vraiment grand, il est seul
« véritable le Dieu de Marguerite. Lui
« seul, à la prière de sa servante, a pu faire

[1] S. Joan. I, 26.

« éclater des prodiges aussi remarqua-
« bles. »

La sainte martyre, entendant ces cris
d'enthousiasme, en profita pour parler aux
assistants du vrai Dieu, des mystères de
notre sainte religion, des lois sacrées qui en
règlent la morale, ainsi que des châtiments
réservés aux prévaricateurs qui se laissent
emporter au souffle orageux de leurs pas-
sions.

« Songez, ô hommes sensés, ici présents,
« dit-elle, songez à votre destinée ; apprenez
« aujourd'hui que le Seigneur Jésus-Christ,
« qui a vécu dans la pratique de toutes les
« vertus, pendant trente-trois ans, qui a
« souffert sous le proconsulat de Ponce-
« Pilate, en Judée, qui est mort sur une
« croix pour racheter les péchés du monde,
« et est ressuscité trois jours après son tré-
« pas, apprenez, dis-je, que ce même Jésus-
« Christ est le Créateur de tout ce qui existe.
« A lui toutes les créatures obéissent, com-
« me vous avez pu le considérer par les
« prodiges qu'il a opérés en ma faveur,
« malgré ma misère et mon indignité. Aban-
« donnez donc le culte de ces vaines idoles,

4

« qui ne peuvent rien pour votre bon-
« heur, et convertissez-vous à votre Créa-
« teur. Celui-là seul est le Sauveur vérita-
« ble, qui vous a appelés de l'abîme des
« ténèbres du néant aux clartés de la
« lumière de la vie. Si vous vous convertis-
« sez à lui de tout votre cœur, après avoir
« été régénérés dans l'eau sainte du bap-
« tême et avoir professé en esprit et en
« vérité la sainte loi de l'Evangile, à la fin
« de votre vie vous recevrez une récom-
« pense immortelle. »

Ces paroles de sainte Marguerite ne restè-
rent pas sans effet. Une grande foule de personnes qui avaient été témoins des nombreux
prodiges de la jeune martyre, des supplices
barbares qu'elle avait supportés avec autant
de courage que de constance, entendant ces
exhortations, abandonnèrent le culte des
idoles et se convertirent à la foi chrétienne.

Le préfet, à cette nouvelle, commença à
trembler pour sa position. Craignant que le
peuple ne se soulevât contre lui et ne lui
enlevât, avec la vie, ses honneurs et ses digni-
tés, il ordonna de mettre à mort sur-le-

champ tous ceux qui avait suivi le conseil de la bienheureuse Marguerite.

C'est ainsi qu'un grand nombre de païens reçurent le baptême du sang et, par ce moyen, méritèrent d'entrer dans la vie éternelle.

X

Dernier supplice.

Gemmiferam defert divina columba coronam
Atque tuas velat, casta puella comas.
Une colombe céleste porte une couronne
de perles précieuses qu'elle va déposer sur
ton front, ô chaste jeune fille.

Après l'exécution des intrépides confesseurs de Jésus-Christ que la prédication de sainte Marguerite avait convertis à la foi chrétienne, Olybrius, voyant l'invincible constance de la jeune vierge et désespérant de pouvoir en triompher, la condamna à la peine capitale.

A l'instant, les appariteurs se saisissent de Marguerite, la conduisent dans un endroit isolé destiné au supplice des condamnés et la livrent aux mains d'un bourreau appelé Malchus.

4.

La martyre demanda quelques instants pour prier. « Seigneur Jésus, » dit-elle dans cette prière suprême, « je vous glorifie, je « vénère et bénis votre saint nom ; la vertu « de votre divine puissance a fortifié ma « faiblesse et m'a fait triompher dans les « combats qui m'ont été livrés,. Il me reste « encore à vous supplier, ô mon Dieu, d'en- « voyer vos anges au-devant de moi pour « qu'ils reçoivent mon âme au sortir de « cette vie et l'introduisent dans les taber- « naclés éternels, où elle jouira de votre « divine présence pendant toute l'éternité. « Amen. »

Quand la vierge chrétienne eut achevé sa prière, elle dit au bourreau : « Vous pouvez « frapper. » Le bourreau aussitôt saisit son glaive et d'un coup trancha la tête de la jeune martyre.

C'est par ce dernier supplice que Margue- rite termina son épreuve. Sa bienheureuse mort arriva le 16 des calendes d'août, c'est- à-dire le 20 juillet de l'an 275, selon les Bollandistes.

Les fidèles d'Antioche et des contrées voi- sines, ayant appris son martyre, vinrent

enlever son corps afin de l'ensevelir avec
les honneurs dus à son rang et les cérémo-
nies en usage chez les chrétiens. Plus tard,
lorsque la paix fut rendue à l'Eglise, les
fidèles d'Antioche élevèrent une basilique à
sainte Marguerite, au lieu même où elle
avait subi le martyre.

XI

Reliques et Images.

Sanctorum meritis inclyta gaudia.
Pangamus, socii, gestaque fortia.
Frères, célébrons les incomparables délices
que les saints ont méritées par leurs glo-
rieux combats.
(BRÉV. ROM., OFFICE DU COM. DES MARTYRS.)

Il existe en Europe diverses reliques de
sainte Marguerite, notamment en Belgique.
Dans la collégiale d'Andrelec, faubourg de
Bruxelles, on voit quelques parties de la
tête. En Allemagne, elle est honorée d'une
manière particulière. On dit même que dans
une ville de cet empire, on voit le bras droit
de la sainte, revêtu de la peau, avec les
nerfs, les muscles, les doigts et les ongles,
dans un état de conservation parfaite.

En France, plusieurs églises possèdent

des reliques de cette bienheureuse vierge ;
elles y furent apportées sans doute d'Orient,
au temps des Croisades, comme cela s'est
vu pour plusieurs autres saints martyrs.

On trouve dans l'ancienne abbaye de
Saint-Germain-des-Prés, à Paris, un os du
menton enchâssé au pied d'une riche statue
d'argent représentant sainte Marguerite, pré-
sent de Marie de Médicis, femme d'Henri IV ;
et, de plus, une ceinture de la sainte. On
voit aussi des reliques de sainte Marguerite
dans le couvent des Religieuses de l'*Ave
Maria*, à Paris, à l'abbaye de Fraymont-en-
Beauvoisis, dans celle de Saint-Rieux, à
Senlis, à Abbeville, à Gisor, et dans l'église
de Combovin, petite paroisse du diocèse de
Valence, en Dauphiné [1].

La cathédrale de Troyes, en Champagne,
possède encore, dans un reliquaire de bois
doré, le pied bien conservé, avec les os, les
nerfs et même la chair de sainte Marguerite,

---

[1] Les lettres testimoniales qui constatent l'authenticité
des reliques de sainte Marguerite furent délivrées à cette
paroisse par Mgr Gaston de Pins, archevêque d'Amasie,
administrateur apostolique du diocèse de Lyon et Vienne,
en 1837, le 15 février.

vierge et martyre ; cette insigne relique existe depuis des siècles dans le trésor de cette cathédrale. Elle a été sauvée pendant la Révolution de 1793 par les soins d'un chanoine qui la rendit à ladite cathédrale à l'époque du rétablissement du culte catholique [1].

La plus grande partie des reliques de la sainte se trouve, dit-on, à Monte-Falcono, dans le Frioul.

Les images, les statues et les chapelles sans nombre viennent s'ajouter afin de propager le culte en l'honneur de sainte Marguerite et nous démontrer la confiance qu'ont les fidèles en son intercession. On a varié, selon les pays, la façon de la représenter, soit en statue, soit en peinture.

En Belgique, elle est peinte revêtue d'un habit royal, avec un dragon à ses côtés. En France, elle se trouve représentée de deux manières : quelquefois on la voit habillée en bergère, les cheveux épars, une houlette à la main et environnée d'un troupeau de brebis. Le plus souvent nous la voyons revê-

---

[1] Mgr Cœur.

tue d'un habit modeste et virginal ; sous ses pieds est un dragon terrassé, dans sa main gauche une croix, sa main droite est vide, ou bien elle porte la palme du martyre, ses yeux sont élevés vers le ciel, dans l'attitude de la prière. Ainsi la représente la statue d'argent de l'abbaye de Saint-Germain-des-Prés, dont nous avons parlé plus haut.

XII

Mémoire et Miracles de sainte Marguerite

Carpora Sanctorum in pace sepulta sunt,
et vivent nomina eorum in æternum.
Les corps des saints reposent en paix, et
leur nom vivra éternellement.
(BRÉV. ROM. OFFICE DES MARTYRS.)

Jérôme Vida, évêque d'Albe, a composé deux hymnes en l'honneur de sainte Marguerite. La sainte martyre était et est encore la patrone de Crémone, où Vida était né.

Dans la première de ces hymnes, le poète conjure la sainte d'intercéder auprès de Dieu en faveur de l'Italie, de Crémone en particulier, qui, à cette époque, était exposée aux ravages de la guerre.

Dans cette hymne, Vida parle de la dévotion que les femmes enceintes avaient pour sainte Marguerite. Cette dévotion est encore

5

répandue dans les contrées méridionales de la France.

Voici un extrait de ce chant :

« Les mères qui arrivent au terme de leur grossesse vous implorent, » ô Marguerite, « et aussi celles qui redoutent des couches périlleuses, et toujours vous venez à leur secours; leur prompte délivrance et leur profonde gratitude attestent votre puissante intercession. Aussi, toutes semblent s'unir pour vous élever quelque nouveau sanctuaire où chaque année elles viennent vous apporter les dons de leur reconnaissance.

« Elles vous amènent les enfants qui ont vu le jour grâce à vos faveurs, et, lorsqu'ils sont parvenus à un âge plus avancé, elles leur apprennent qu'avant de s'engager dans les liens sacrés du mariage, ils doivent venir visiter vos sanctuaires, ainsi que dès les premières années de leur hymen ; y répandre des prières et y chanter vos louanges.

Dans la seconde de ces hymnes, le poète demande à Dieu, par l'intercession de la bienheureuse Marguerite, non une longue vie, ni des richesses ou des honneurs, mais

la grâce de vivre et de mourir saintement,
et, par ce moyen, d'obtenir le bonheur de
louer le Seigneur, en compagnie de tous les
élus, pendant les siècles des siècles.

C'est bien! pourra-t-on nous dire; mais
une sainte d'un si grand mérite, et qui est
honorée par les Églises d'Orient et d'Occi-
dent, doit sans doute avoir été illustre par
des miracles éclatants. Certainement, les
chrétiens ont adressé de nombreuses supplications à sainte Marguerite, et la sainte martyre les a exaucés bien souvent.

Car les témoignages de gratitude envers
elle augmentent tellement chaque jour,
qu'ils seraient bien de nature à charmer l'i-
magination du pieux évêque d'Albe, tout en
excitant en lui un redoublement d'admiration et de dévotion à l'égard de la jeune
sainte. Cependant, outre ces nombreux et
fréquents miracles secrets que Dieu seul
connaît, les Bollandistes en citent deux autres plus éclatants, qui eurent un grand
retentissement en France; nous allons les
rapporter ici, d'après leur autorité.

Marie-Thérèse d'Autriche, Infante d'Espa-
gne, épouse de Louis XIV, avait une grande

dévotion à sainte Marguerite. Comme elle était sur le point de donner le jour à son premier enfant, elle conçut de sérieuses appréhensions sur le résultat. Dans ces conjonctures, la pieuse reine eut recours à sainte Marguerite. Sa confiance ne fut point trompée. Le 20 juillet 1661, Marie-Thérèse fit distribuer, en l'honneur de la sainte martyre, un pain bénit aux pauvres de Paris.

Retenue par son état alarmant, elle ne put s'acquitter elle-même de cet acte de piété, comme elle en avait l'habitude. Elle en chargea trois de ses aumôniers, qui firent la distribution au milieu d'un grand éclat d'instruments de musique et de cris de reconnaissance. La Cour résidant alors au Palais de Fontainebleau, la reine ne pouvait, selon sa dévotion, aller vénérer les reliques de sainte Marguerite en l'abbaye de Saint-Germain-des-Prés. Louis XIV avait fait supplier le père Prieur de les apporter lui-même à la résidence royale.

A peine Marie-Thérèse eut-elle vénéré les reliques de la sainte et prié devant sa châsse, qu'elle fut heureusement délivrée et mit au monde son premier fils, Louis, grand

Dauphin de France. La pieuse reine ne laissa pas d'attribuer sa délivrance à l'intercession de sainte Marguerite, et toute sa vie elle lui en garda une profonde reconnaissance.

Les historiens racontent que le même prodige s'opéra en faveur de Marie-Christine de Bavière, épouse du grand Dauphin, à la naissance du duc de Bourgogne. Sans aucun doute, la pieuse princesse avait appris de sa vertueuse belle-mère quel crédit on pouvait ajouter à l'intercession de sainte Marguerite dans ces graves circonstances.

Nous ne parlerons pas nous-mêmes de ces multitudes de guérisons qui s'opèrent d'une manière extraordinaire après un pèlerinage à la chapelle de sainte Marguerite et la vénération de ses reliques. Nous laissons nos appréciations à la sagesse de notre sainte mère l'Eglise, qui seule est juge dans ces faits au-dessus de toutes les observations scientifiques.

Sainte Marguerite, en outre, est souvent invoquée pour la délivrance des âmes du purgatoire, ainsi que nous le voyons dans une homélie attribuée à un chartreux, nommé Dom Demp, qui se termine ainsi : La bienheureuse Marguerite « a délivré un grand nombre d'âmes des peines du purgatoire [1]. »

---

[1] *Quod multas animas de purgatorii liberavit pœnis.* *(Demp. Homil. in Beat. Margar.)*

XIII

Sainte Marguerite à Combovin.

Mirabilis in altis Dominus.
Le Seigneur est admirable sur les hau-
teurs, (PSAL. XCII, 4.)

Au sommet d'un coteau aussi gracieux que pittoresque, situé sur les limites des deux paroisses de Combovin et de Barcelonne, s'élève une modeste chapelle. Le paysan la connaît comme le riche opulent, l'ouvrier comme le touriste; la mère de famille surtout et ses enfants aiment à y venir prier. De tous les horizons de la plaine on peut l'apercevoir, et, du haut des rochers de nos montagnes, on est heureux de saluer la petite chapelle de sainte Marguerite.

C'est là, en effet, que les fidèles des paroisses voisines, chaque année, se donnent rendez-vous pour le 20 juillet et le dimanche suivant.

Sur la colline, appelée autrefois coteau de Saint-Georges, s'élevait une église dédiée à sainte Marguerite. Son enceinte était relativement spacieuse, si on en juge par les ruines que l'on aperçoit encore à la surface du sol. A une époque fort reculée, au même endroit, une chapelle avait été élevée à saint Georges, patron des guerriers, probablement par les seigneurs de Barcelonne à leur retour des croisades, d'où ils revinrent sains et saufs. Plus tard, cette chapelle qui était dépendante des religieux Antonins du monastère de Combovin, et était sous leur direction fut brûlée pendant les guerres de Religion par les protestants de Combovin et de Chateau-Double [1].

Après l'édit de Nantes, en 1598, où Henri IV jeta les bases de ce qu'on a appelé plus tard, avec plus ou moins de perfidie, la liberté de conscience, les catholiques de Combovin eurent à cœur de rétablir leur

---

[1] L'ordre des Antonins avait disparu depuis longtemps de Combovin.

chapelle incendiée par les Huguenots. Divers prodiges vrais ou faux, que nous indiquons sous toutes réserves, qui, cependant, se sont maintenus invinciblement dans le souvenir de nos populations, ne contribuèrent pas peu à exciter les habitants de cette localité à l'entreprise de leur œuvre.

Toutefois, ils ne dédièrent pas leur chapelle à saint Georges, comme l'avait été la première, elle fut rétablie sous le vocable de sainte Marguerite.

Pourquoi ce changement? Nous n'avons trouvé aucun document touchant cette transformation. La légende populaire seule vient à notre secours.

Vers l'époque que nous avons indiquée plus haut, un jeune homme de haute lignée se livrait à l'exercice de la chasse dans les bois du coteau de Saint-Georges [1]. Au moment où le soleil parvient au zénith, la

---

[1] A cette époque, le château de Barcelonne n'existait plus. Selon les probabilités que nous avons de la tradition populaire, il avait été détruit aux temps des guerres entre les châtelains de Crussol et les évêques de Valence, d'un côté; et les seigneurs de Barcelonne alliés à ceux de Crest, de l'autre.

meute du chasseur fit lever une colombe blanche, qui, volant d'un esser rapide au-dessus du jeune gentilhomme, plana quelques instants à une faible élévation. Le jeune homme irrité de cette obstination, lui décoche un coup d'arquebuse. L'oiseau fut-il blessé? il ne put le constater; car au moment même la colombe fendit l'air et vint se reposer sur un pan de mur, dernier débri de la vieille chapelle de saint Georges. Le jeune homme approche, et quelle ne fut pas sa surprise en apercevant, au dessus de la colombe, une croix transparente où on lisait le nom de Marguerite, de là la croyance, au sein de nos populations, que sainte Marguerite, honorée à Combovin, était une bergère de nos montagnes et que son corps avait été enseveli dans les alentours de la chapelle dédiée à saint Georges. Il n'y a aucune probabilité en faveur de cette opinion, si ce n'est l'existence d'une sorte de tumulus auquel les habitants de la localité font peu d'attention et n'accordent aucun culte.

Il est certain que des seigneurs de Barcelonne assistèrent au moins, selon toutes les probabilités, à la quatrième et à la sixième croisade.

Ne purent-ils pas apporter, à leur retour, des reliques de sainte Marguerite et les déposer dans le monastère des Antonins? Ce que l'histoire raconte pour une foule de faits de ce genre, on peut sans présomption le supposer en faveur de notre sainte Marguerite.

Quoi qu'il en soit, l'édifice s'éleva. La chapelle fut dédiée à sainte Marguerite, ainsi que nous l'avons dit. Cette chapelle subsista pendant un temps assez long, puis, faute d'entretien, et la Révolution aidant, elle finit par tomber pierre à pierre.

En 1836, des personnes pieuses de la paroisse conçurent la pensée de faire construire « une petite chapelle à l'endroit même où se trouvent encore les ruines de l'ancienne église qui porte le nom de sainte Marguerite » [1].

L'entreprise de la construction fut confiée à un honnête et loyal protestant, M. Peyrache (Jean-Pierre), dont la robuste vieillesse semble défier tous les caprices de la mort. Il partagea, dans la suite, son travail avec M.

[1] Archives de la fabrique paroissiale de Combovin.

Guérimand (Jean-Claude), un des hommes les plus sensés et les plus religieux de la paroisse. L'emplacement fut fourni par M. Lambert de Combovin, homme recommandable à tous égards et d'une urbanité légendaire.

Cependant, les dons qu'ils avaient recueillis furent bien loin de suffire à ce travail; leur générosité vint au secours de leur détresse. Ils prirent sur leurs fonds particuliers ce qui manquait pour l'achèvement de l'édifice, et, c'est grâce à leur dévouement, que l'on peut voir aujourd'hui, sur le sommet de la petite montagne, la modeste chapelle de sainte Marguerite, vrai paratonnerre pour les habitants de Combovin.

XIV

Pèlerinage de sainte Marguerite à Combovin, 20 juillet.

Peregrini et hospites super terram.
Nous sommes des étrangers et des pèlerins sur la terre. (AD. HEBRÆOS, XI, 13).

Un homme d'une certaine célébrité déclarait, il y a quelques années, que les pèlerinages n'étaient plus de. nos mœurs ; pour les expliquer, il fallait reculer, par la pensée, jusqu'au moyen-âge. L'univers catholique et la France, en particulier, lui donnent chaque jour un démenti solennel.

Les pèlerinages sont une *démonstration :* dès lors, c'est un devoir imposé à la nation comme nation, à la famille comme famille, et à chaque individu, en tant que portion intégrante de la grande famille chrétienne.

On institue des trains de plaisir pour pro-
mener et distraire une société qui tombe en
décadence; on essaie de tromper, par quelques
fêtes nouvelles, le dégoût qui s'attache à des
plaisirs frivoles ; on voit des foules cu-
rieuses accourir, au premier signe donné,
pour assister à des courses de chevaux, à des
concours d'orphéons ou de fanfares; des
expositions universelles attireront, de toutes
les contrées de l'Europe, des multitudes
avides de contempler les merveilles de l'art
et les produits de la science ; et on trouverait
étrange qu'un peuple catholique eût ses fêtes,
ses manifestations, ses démonstrations religieuses ! ! !

Les pèlerinages ont des résultats heureux
sous tous les points de vue, et le mal qui
peut s'en déduire n'est qu'une faible excep-
tion que l'on peut le plus souvent attribuer
à d'autres causes. L'esprit religieux s'y for-
tifie, le cœur s'y dilate, les sentiments de
générosité s'y manifestent et mettent en
contact des foules de personnes qui jusque-
là ne se fussent jamais vues.

Et qui dira que l'intérêt matériel n'y ait
point une large part. Ce qui n'est pas une

mince considération dans un siècle de matérialisme ? D'ailleurs, pour tout dire, en un mot : c'est la lutte du bien contre le mal, la réaction de l'élément catholique contre l'infernale action qui tend à opprimer l'Eglise, croisade pacifique qui a pour arme la prière, où elle puise sa force et dans laquelle on ne cesse pas d'aimer ceux que l'on combat.

Pie IX, de sainte mémoire, disait un jour à une assemblée de pèlerins : « Il ne faut pas seulement continuer, il faut redoubler la grande œuvre catholique des pèlerinages. »

Les nombreux pèlerins de sainte Marguerite ont montré par leur zèle toujours croissant qu'ils se riaient des plaisanteries et des hypocrites sourires des libres-penseurs, préférant réaliser dans sa profonde raison la pensée du saint pape Pie IX, que nous venons de rappeler.

Chaque année, en effet, au jour de la fête de la bienheureuse Marguerite, les pèlerins se multiplient autour du modeste sanctuaire. De tous les points des vallées, de la plaine et des sommets des montagnes, on peut voir de longues files d'hommes, de femmes et d'enfants gravir les sentiers tortueux qui aboutissent à la chapelle. Les uns viennent de loin et sont harassés, d'autres, plus privilégiés, n'ont qu'à gravir les pentes du coteau; tous sont dirigés par les clartés de la foi vers cet endroit solitaire, afin d'y être témoins des merveilles du Très Haut dans les œuvres d'une jeune enfant martyre.

L'aspect de ce sommet à peu près dénudé, recouvert ce jour-là d'une forêt humaine qui va et vient, s'agite comme le tremblement des arbres, ne manque pas de grandiose et de sympathique attrait. La peinture y pourrait trouver de magnifiques coups de crayon et la photographie des reproductions éclatantes. Et, si la foi ne devait point y avoir la part la plus large et la plus légitime, nous dirions volontiers que, pour un amateur, c'est un coup d'œil admirable. Vous avez devant vous, du nord au sud, ces fertiles plaines qui s'étendent depuis Saint-Marcellin jusqu'à Etoile et Livron; plus loin, les montagnes de l'Ardèche et de la Loire, avec leurs sommets stériles; entre les deux, Valence, la ville dauphinoise par excellence, où l'on trouve des souvenirs précieux et pour l'histoire, et pour la religion, et pour l'industrie : baignée par son fleuve, parfois étourdi, mais toujours aimable, même en ses fureurs. A l'orient, vous voyez la naissance d'une ramification de montagnes qui servent de base à la chaîne des Alpes dauphinoises, et dont l'aspect a des charmes et de la grandeur. Avant tout cela, tout-à-fait à vos pieds, vous apercevez l'antique petit village de Combovin, entouré d'un berceau de verdure arrosé par ses trois ruisseaux, qui ressemblent à trois artères dans un corps humain, et où la végétation est aussi luxuriante que les habitants y sont affables et polis.

En ce jour de pèlerinage, vous les verrez en fête, vous les entendrez parler ; mais, c'est en l'honneur de sainte Marguerite, leur puissante protectrice, qu'ils se parent, qu'ils font entendre des chants de victoire.

Les protestants eux-mêmes semblent émus lorsqu'ils parlent de sainte Marguerite. Nous en avons entendu nous dire dans des moments de grêle ou de tempête : « Nous n'avons rien à craindre, sainte Marguerite nous protège [1]. »

[1] Nous voulons parler des protestants orthodoxes.

La confiance que les habitants de Combovin et des environs ont en sainte Marguerite
est sans limite. C'est là une preuve éclatante
de l'efficacité de son intercession en faveur
de ceux qui l'invoquent et de son crédit
auprès de Dieu.

XV

Devoirs du pèlerin à sainte Marguerite.

Preparate corda vestra Domino.
Préparez vos cœurs pour le Seigneur.

Les pèlerinages ne sont pas des voyages de divertissement, ni des fêtes mondaines où l'on ne doit chercher qu'une vaine pompe, la distraction et le spectacle de la foule. Ce sont des actes religieux, ainsi que nous l'avons déjà démontré. Il convient de s'y préparer par des prières, par des mortifications, par des aumônes et toute sorte de bonnes œuvres. Il convient de n'y porter que de saintes pensées, et notre conduite, après que nous l'avons accompli, doit s'en souvenir longtemps.

Enfin, tu as franchi la distance ; tu touches au seuil de la chapelle. Avant de le passer, arrête-toi, pieux pèlerin. Replie tes yeux sur ta conscience ; penche-toi sur les abîmes de ton cœur et regarde si le fond en est pur.

Le péché mortel élèverait entre Dieu et toi une muraille d'airain que ni tes cris, ni tes gémissements ne pourraient percer. Comment oserais-tu prier la sainte martyre d'obtenir pour toi les faveurs du Ciel, si tu n'étais pour le Ciel qu'un objet de haine et de malédiction ?

La principale, la seule grâce que tu puisses implorer dans cet état, c'est que sainte Marguerite te tende la main pour t'aider à sortir du gouffre de la damnation, qu'elle obtienne de Dieu la force de retourner à lui et qu'elle t'en rende le chemin plus court et plus facile.

Si ton cœur est pur et si la sainte peut tenir ses chastes regards abaissés sur toi, entre avec confiance et vénère avec dévotion ses précieuses reliques. Expose-lui tes vœux, elle les exaucera. Peut-être est-il plus utile à ton salut qu'elle en diffère ou en refuse l'accomplissement, alors, ils s'amasseront aux pieds du Seigneur et formeront un trésor que tu retrouveras un jour.

. Tu ne dois point t'approcher de la sainte martyre avec une défiance qui serait une injure ou dans le dessein de tenter sa puissance. Car l'Evangile t'apprend que Jésus-Christ, prodigue de miracles en faveur des pauvres qui croyaient en lui, n'en voulut point opérer devant les esprits superbes qui en sollicitaient par malice et vanité.

Ne forme point dans ton cœur des vœux contre ton frère. Il est comme toi enfant du même père, et peut-être il est devant Dieu plus juste que toi. Ne le maudis pas, de peur que le mal que tu appellerais sur sa tête ne retombe sur la tienne.

Si le souvenir de ton ennemi revient à ta mémoire, pendant ton oraison, prie pour lui. Peut-être gagné par la secrète vertu de ta prière, il se réconciliera avec toi et deviendra ton ami ; sinon, tes prières monteront jusqu'à Dieu et redescendront sur toi en bénédictions.

Ne demande ni les biens, ni les honneurs de la terre, car tu ne sais point s'il te serait

utile de les obtenir et s'ils seraient pour toi
des présents d'amour ou de colère. Implore
la grâce de Dieu et la docilité à ses comman-
dements. Dieu connaît tes besoins, il y pour-
voira.

XVI

Prières en l'honneur de sainte Marguerite et pour implorer son intercession.

Hic est qui multum orat pro populo.
Voilà Celui qui prie sans cesse pour le peuple.   (II Mach, XV, 4.)

§ I

LITANIES DE SAINTE MARGUERITE

Seigneur, ayez pitié de nous.
Jésus-Christ, ayez pitié de nous.
Seigneur, ayez pitié de nous.
Jésus-Christ, écoutez-nous.
Jésus-Christ, exaucez-nous.
Père céleste, qui êtes Dieu, ayez pitié de nous.
Fils Rédempteur du monde, qui êtes Dieu, ayez pitié de nous.

Esprit-Saint, qui êtes Dieu, ayez pitié de nous.

Sainte-Trinité, qui êtes un seul Dieu, ayez pitié de nous.

Sainte Marie, Reine des Vierges,

Sainte Marguerite, qui dès l'âge le plus tendre avez été agréable à Dieu,

Sainte Marguerite, qui jeune encore avez voué votre virginité à Jésus-Christ,

Sainte Marguerite, qui avez brillé sur la terre par la sainte vertu d'humilité,

Sainte Marguerite, qui avez préféré votre époux céleste à tous les trésors de ce monde,

Sainte Marguerite, qui avez été visitée par les anges dans votre prison,

Sainte Marguerite, qui avez triomphé du dragon infernal,

Sainte Marguerite, qui fûtes flagellée comme votre divin Maître.

Sainte Marguerite, qui fîtes à Jésus-Christ le sacrifice de vos affections paternelles,

Sainte Marguerite, inébranlable à la vue des supplices,

Sainte Marguerite, pleine de confiance en la grâce de Dieu,

Sainte Marguerite, apôtre de la parole de Dieu au milieu de l'eau bouillante,

Sainte Marguerite, qui avez converti à la foi de Jésus-Christ un grand nombre de païens,

Priez pour nous.

Priez pour nous.

Sainte Marguerite, qui livrâtes généreusement votre tête au fer des bourreaux,

Sainte Marguerite, puissante dans le ciel,

Sainte Marguerite, protectrice des mères en péril,

Sainte Marguerite, ange tutélaire des petits enfants,

Sainte Marguerite, avocate des âmes du Purgatoire,

Du malheur de perdre la foi,

De la mort éternelle,

De la tiédeur dans la vertu,

De l'amour du monde et de la vanité,

Des pièges du dragon infernal,

Du démon de l'orgueil,

Du démon de l'avarice,

Du démon de l'impureté,

Du démon de la jalousie,

De l'amour désordonné de nous-mêmes,

Du danger des mauvais exemples,

Du respect humain,

Des fautes légères,

Des peines du Purgatoire,

Agneau de Dieu, qui effacez les péchés du monde, pardonnez-nous, Seigneur.

Agneau de Dieu, qui effacez les péchés du monde, exaucez-nous, Seigneur.

Agneau de Dieu, qui effacez les péchés du monde, ayez pitié de nous, Seigneur.

Priez pour nous.

Préservez-nous, sainte Marguerite.

6

℣ Priez pour nous, bienheureuse Marguerite.

℟ Afin que nous devenions dignes des promesses de Notre-Seigneur Jésus-Christ.

ORAISON.

Seigneur, qui parmi tous les prodiges de votre puissance, avez donné le courage à un sexe faible de remporter la victoire du martyre, jetez sur nous des regards miséricordieux, afin que nous, qui célébrons la mémoire de la bienheureuse Marguerite, vierge et martyre, par son intercession et l'exemple de ses vertus, nous arrivions à vous posséder dans le ciel. Par Jésus-Christ notre Seigneur. Ainsi soit-il.

AUTRE.

Seigneur, Dieu tout puissant, appui et soutien de la virginité chrétienne, faites, nous vous en supplions, qu'en vénérant pieusement la mémoire de la bienheureuse Marguerite, vierge et martyre, nous soyons secourus par sa puissante intercession. Par Jésus-Christ Notre-Seigneur. Ainsi soit-il [1].

[1] Cette oraison est extraite d'un missel de l'Eglise de Milan, du seizième siècle.

AUTRE ORAISON SPÉCIALE POUR LE JOUR DE LA FÊTE DE SAINTE MARGUERITE.

O Dieu tout-puissant, par qui une foi victorieuse, une espérance ferme et un amour constant ont obtenu à la bienheureuse Marguerite, vierge et martyre, le triomphe sur les faux attraits de la chair, le mépris des honneurs et des richesses du monde, obtenez-nous qu'en célébrant dignement sa fête, nous imitions les vertus qu'elle a pratiquées, pendant sa vie. Par Jésus-Christ Notre-Seigneur. Ainsi soit-il [1].

§ II

LITANIES DES FIDÈLES TRÉPASSÉS

Seigneur, ayez pitié de nous.
Jésus-Christ, ayez pitié de nous.
Seigneur, ayez pitié de nous.
Jésus-Christ, écoutez-nous.
Jésus-Christ, exaucez-nous.
Dieu le Père, du haut des cieux, ayez pitié des fidèles trépassés.

---

[1] Bollandistes, 20 juillet.

Dieu le Fils, Rédempteur du monde, ayez pitié des fidèles trépassés.

Esprit-Saint, qui êtes Dieu, ayez pitié des fidèles trépassés.

Trinité Sainte, qui êtes un seul Dieu, ayez pitié des fidèles trépassés.

Sainte Marie, mère de Dieu, priez pour les fidèles trépassés.

Saint Michel, archange,

Saints Anges gardiens,

Tous les neuf chœurs des Anges,

Saint Joseph,

Saint Jean-Baptiste,

Tous les patriarches et prophètes,

Saint Pierre et saint Paul,

Tous les saints Apôtres et Evangélistes,

Saint Etienne et saint Laurent,

Tous les saints martyrs,

Saint Grégoire et saint Augustin,

Tous les saints Docteurs, Papes et Confesseurs,

Sainte Marie-Magdeleine,

Sainte Marguerite,

Sainte Catherine, sainte Ursule et les onze mille vierges,

Sainte Anne et toutes les veuves,

Toutes les saintes, intercédez pour les fidèles trépassés.

Soyez - leur propice , pardonnez-leur , Seigneur.

De tout mal, délivrez-les, Seigneur.

De votre courroux, délivrez-les, Seigneur.

De la flamme du feu,

De la région des ténèbres,

Par votre conception et votre naissance,

Par votre très doux nom de Jésus,

Par votre très grande miséricorde,

Par votre très amère passion,

Par vos saintes plaies,

Par votre précieux sang,

Par votre glorieuse mort,

Délivrez-les, Seigneur.

Pauvres pécheurs que nous sommes, nous vous en prions, Seigneur, exaucez-nous.

Agneau de Dieu, qui effacez les péchés du monde, pardonnez-leur, ô bon Jésus.

Agneau de Dieu, qui effacez les péchés du monde, délivrez-les, Seigneur.

Agneau de Dieu, qui effacez les péchés du monde, donnez aux pauvres défunts le repos éternel.

ỹ Seigneur, exaucez ma prière.

℞ Et que mes cris s'élèvent jusqu'à vous.

ỹ Sainte Marguerite, avocate des âmes du Purgatoire.

℞ Intercédez pour les pauvres trépassés.

ORAISON.

Mon Seigneur et mon Dieu, dont le plus grand plaisir est de faire miséricorde, regardez d'un œil de compassion ces pauvres âmes qui souffrent en Purgatoire, et, par l'effet de votre clémence infinie, faites-les parvenir au souverain bonheur. Par le précieux sang de votre Fils, par l'intercession de la glorieuse Vierge Marie, par les mérites de tous les saints, délivrez ces âmes de la prison qui les renferme et du feu qui les brûle, afin qu'admises devant votre sainte face, elles vous voient, vous louent et vous aiment éternellement. Ainsi soit-il.

IV

Invocation au Saint Cœur de Marie.

Doux Cœur de Marie, soyez mon salut.

(Indulgence de 300 jours chaque fois et une
plénière une fois le mois, pour quiconque
l'aura récitée chaque jour, aux conditions
ordinaires. — Pie IX, 30 septembre 1852.)

V

Invocation à Jésus, Marie, Joseph.

Jésus, Marie, Joseph, je vous donne mon
cœur, mon esprit et ma vie.

Jésus, Marie, Joseph, assistez-moi dans ma
dernière agonie.

Jésus, Marie, Joseph, que je meure paisible-
ment en votre sainte compagnie.

(Indulgence de 300 jours. — Pie VII, 28 avril
1807.)

§ III

PRIÈRES DIVERSES

I

Offrande du précieux sang de Notre-Seigneur Jésus-Christ.

Père éternel, je vous offre le sang très précieux de Jésus-Christ, en expiation de mes péchés, et pour les besoins de la sainte Église.

> (Indulgence de 100 jours chaque fois qu'on fera cette prière. — Pie VII, rescrit du 28 mars 1817.)

II

Oraison jaculatoire du Bienheureux Léonard de Port-Maurice.

Mon Jésus, miséricorde !

> (Indulgence de 100 jours. — Pie IX, 23 septembre 1856.)

III

Oraison jaculatoire de saint Jérôme Émilien.

O très doux Jésus, ne soyez pas mon juge, mais mon Sauveur.

> (Indulgence de 50 jours, chaque fois. — Pie IX, 11 août 1851 et 29 novembre 1853.)

TABLE DES MATIÈRES

www.ingramcontent.com/pod-product-compliance
Lightning Source LLC
Chambersburg PA
CBHW060616100426

42744CB00008B/1417